Elisabeth Zöller • Brigitte Huber

Tanzen mit dem lieben Gott

Fragen an das eigene Leben
und Wünsche für das Lebensende

Mit Bildern von Irmgard Lucht

Herausgegeben
vom Bundesverband
evangelische Behindertenhilfe e.V.

Gütersloher Verlagshaus

Dieses Buch widme ich mit Dank meinen theologischen Lehrern

Christof Bäumler († 7.2.1996)
Hans-Jürgen Fraas
Ferdinand Hahn

Brigitte Huber

Inhalt

Vorwort

Die Auseinandersetzung mit Sterben und Tod – zumal dem eigenen – fällt schwer. Jeder Mensch hat Mühe, die Begrenztheit der eigenen Existenz gedanklich und emotional anzunehmen. Umso wichtiger ist es, Menschen zu haben, die Fragen ansprechen, die man sich kaum zu stellen traut, die aber dennoch wichtig sind, und zum Leben gehören.

Dieses Buch richtet sich an alle Menschen, die den roten Faden in ihrem Leben suchen und sich mit ihrem Leben auseinander setzen wollen, auch an Menschen mit jeglicher Art von Behinderung oder Menschen im Alter. Für Mitarbeiterinnen und Mitarbeiter in der Diakonie ist es eine wichtige Aufgabe, durch einfühlsame Wegbegleitung bei Schmerz, Angst, Trauer und Abschied für die Menschen da zu sein, die sie brauchen. Ihre helfende Zuwendung zu den Menschen bezieht sich nicht nur auf deren Alltagsprobleme und praktische Teilhabeförderung, sondern schließt die intensive persönliche Begegnung ein.

Elisabeth Zöller hat eine umfangreiche und vielseitige Textsammlung vorgelegt, die Anregung bietet, sich mit dem eigenen Leben und Sterben zu beschäftigen. Die von ihr geschriebenen Texte sind Angebote, die zur Betrachtung und zum Nachdenken einladen – es sind Ideen, denen individuell nachgegangen werden kann. Eine einfühlsame Sammlung von Geschichten und Gedichten ist entstanden, die eine Sprache finden, wo die eigenen Worte verstummen, und es werden (Er-)Lebensgeschichten erzählt, die anrühren, Empfindungen ins Bewusstsein holen und das eigene Erleben von Sterben und Tod ansprechen. Die von Brigitte Huber (Bioethik-Beauftragte des Bundesverbandes evangelische Behindertenhilfe) formulierten Fragen sprechen die Leserin und den Leser sehr persönlich an, sind herausfordernd und anspruchsvoll. Sie öffnen Türen für einen ganz persönlichen Zugang. Hier wird eine Freiheit spürbar, die für den Umgang mit diesen existenziellen Fragestellungen notwendig ist. Zugleich begleitet die erfahrene Seelsorgerin die Leserin/den Leser behutsam durch die Texte. Irmgard Lucht schuf für dieses Buch einfühlsame Blumenbilder in warmen Farben, die als Metaphern für menschliche Gefühls- und Lebenszustände zu verstehen sind.

Die Textsammlung ist ausdrücklich als Begleitbuch konzipiert. Es soll einerseits Leserinnen und Leser unterstützen, sich mit den wesentlichen Fragen des Lebens zu beschäftigen, andererseits Mitarbeiterinnen und Mitarbeiter in Einrichtungen der Behindertendienste und Altenarbeit oder Hospize eine Hilfe sein, die ihnen anvertrauten Menschen sensibel zu begleiten. Aber es ist kein Rezeptbuch und ohne die persönliche Klärung geht es kaum. Gerade das macht die Textsammlung als Begleitbuch so wertvoll. In den unterschiedlichen Handlungsfeldern der Hilfe für Menschen mit Behinderung bedürfen die Anregungen des Buches in vielen Fällen der individuellen Übersetzung und Vereinfachung. Auch das macht eine intensive »Aneignungsarbeit« erforderlich.

Neben dem Verstehen der eigenen Person ermöglichen die Texte die Einsicht, dass Menschen unterschiedlich sind. Es gibt unterschiedliche Gefühle, Wünsche und Ängste zu Trauer, Sterben und Tod. Die Vielfältigkeit der Texte und die unterschiedlichen Sichtweisen, die durch sie deutlich werden, öffnen den Blick für den jeweiligen Menschen in seiner Einzigartigkeit und seine ganz persönlichen Umgangsweisen. Der Zugang zu menschlicher Würde liegt in der Akzeptanz seiner Unvollkommenheit, seiner Schwäche und seiner Verletzlichkeit (Michael Schibilsky). Dies kann in der persönlichen Auseinandersetzung gelingen. Eine

Garantie gibt es dafür nicht. Das Buch baut jedoch eine Brücke dazu.

Klaus-Dieter K. Kottnik
Präsident
Diakonisches Werk der EKD

Michael Conty
Vorsitzender
Bundesverband
evangelische Behindertenhilfe

Hinführung

Liebe Leserin, lieber Leser,

lassen Sie sich einladen zu einem Spaziergang. – Sie können diesen Spaziergang durch Ihr Leben, Ihre Vergangenheit, Ihre momentane Situation und in die Zukunft, wie Sie sich diese vorstellen, alleine machen, oder Sie lassen sich begleiten von einem Menschen, dem Sie vertrauen. Vielleicht wird aus dem Spaziergang eine Entdeckungsreise. Es könnte sein, dass Ihnen aufgrund der Fragen des vorliegenden Büchleins an das eigene Leben plötzlich Antworten einfallen, nach denen Sie immer gesucht hatten. Vielleicht wird Ihnen jetzt manches klarer.

Auf Ihrer Wanderung werden Sie entdecken, was Ihnen im Leben wirklich wichtig und wertvoll ist. Sie werden sich fragen, wie Sie zum Leben stehen und zu allem, was zum Leben gehört: Schönes und Leidvolles, Freude und Schmerz, geliebte Menschen und Freundschaften, erfüllte und unerfüllte Wünsche, Sehnsüchte und Ängste, Hoffnungen und Enttäuschungen, Erfahrungen mit Gott oder ohne Gott. Es wird spannend sein, Anfang, Mitte und Ende des Lebens zu bedenken.

Nehmen Sie sich Zeit. Sie können den Spaziergang jederzeit abbrechen oder unterbrechen, um ihn einige Zeit später fortzusetzen. Auch Abkürzungen sind möglich, indem Sie gewisse Fragen einfach überspringen. Es ist auch denkbar, dass für Ihr Leben andere Fragen wichtiger sind als die hier genannten. Schaffen Sie sich eine angenehme Atmosphäre zu Hause oder da, wo Sie sich wohl fühlen. Sie werden merken, dass es sich lohnt, sich mit wesentlichen Fragen des Lebens zu beschäftigen. Vielleicht werden Sie sogar die Erfahrung machen, dass Ängste kleiner werden, wenn Sie sie in Gegenwart eines vertrauten Menschen aussprechen. Es wird Ihnen vermutlich auch Freude machen, vielleicht schon vergessen geglaubte schöne Erinnerungen wieder lebendig werden zu lassen.

Für den Fall, dass Sie sich einmal nicht mehr äußern können, wissen andere, was Ihnen wichtig ist, wenn Sie sich entschließen, die Fragen in diesem Büchlein zu beantworten. Sie können Ihre Antworten entweder selbst aufschreiben oder Ihren Gesprächspartner aufschreiben lassen. Sie müssen nicht sämtliche Fragen beantworten. Sie entscheiden selbst, mit welchen Themen Sie sich beschäftigen oder auch nicht beschäftigten wollen. Nochmals: Lassen Sie sich genügend Zeit dafür. Vielleicht einige Tage, einige Wochen oder Monate.

Ihre Freunde, Angehörigen, Betreuer und Bezugspersonen werden Ihnen dankbar sein, wenn Sie sie ganz viel über sich wissen lassen, zum Beispiel, wie Sie zu Krankheit oder Schmerzen stehen, vielleicht auch, wie Sie einmal sterben möchten. Sie wissen sicher, dass Ärzte Patienten nur behandeln dürfen, wenn die Patienten selber oder ein Vertreter vorher eingewilligt haben. Wenn ein Patient selbst nicht mehr entscheiden kann, stehen Ärzte oft vor schwierigen Fragen: Wie sollen wir entscheiden? Will der Patient noch diese oder jene Behandlung? Wie groß und wie realistisch ist die Chance, dass ihm Tage oder Wochen so lebenswert erscheinen, dass er auch Leiden in Kauf nimmt? Will er überhaupt eine unter Umständen risikoreiche Behandlung auf sich nehmen? Oder will der Patient einfach in Ruhe sterben, weil seine Zeit dazu gekommen ist?

Das alles sind Fragen, die nicht nur für Sie selbst bedeutsam sind, sondern auch für die Menschen, die vielleicht einmal für Sie Entscheidungen treffen müssen. Natürlich können Sie Ihre Antworten jederzeit ändern. Es kommt ja oft im Leben vor, dass wir unsere Einstellungen ändern, zum Beispiel in Krisensituationen oder bei schwerer Erkrankung. Sie müssen auch keine Bedenken haben, dass unbefugte Personen Ihre Einstellungen erfahren. Sie selbst bestimmen, wer Ihre Antworten erfahren soll. Bedenken Sie aber bitte, dass auch Ihr Arzt oder Ihre Ärztin Ihre Wünsche kennen sollte, die sich um Ihr Leben und Ihre Gesundheit drehen. Vielleicht möchten Sie ja auch Ihrem Arzt oder Ihrer Ärztin konkrete Fragen stellen.

Auf dem Spaziergang durch Ihr Leben werden Sie die Erfahrung machen, dass das, was Sie erlebt haben, kein anderer Mensch erlebt hat, dass Ihr Lebensweg ganz einmalig und kostbar ist. Dabei spielt es keine Rolle, ob Sie eine Behinderung oder irgendeine Einschränkung haben. Jeder Mensch ist ein Wunderwerk Gottes so wie er ist – einmalig, unverwechselbar, unendlich wertvoll und schön.

Im Folgenden finden Sie lyrische Texte von Elisabeth Zöller, aufgelockert durch Bilder von Irmgard Lucht, die Aspekte der einzelnen Fragenkreise aufnehmen und zum Nachsinnen anregen wollen. Ihre persönlichen Antworten auf die Fragen können Sie auf den Leerseiten notieren. Damit können die Personen, die Sie dazu bestimmt haben, erfahren, was Ihnen wichtig ist und dies gegebenenfalls auch für Sie umsetzen. Ich wünsche Ihnen Geduld, Ermutigung und Freude daran, sich den Fragen zu stellen, vor allem aber fruchtbare Gespräche und gute Reise!

Brigitte Huber
Seelsorgerin
Arbeitskreis Ethik und Menschenrechte

Warum es sich zu leben lohnt

Wir alle leben und wir alle wissen,
dass wir sterben werden.
Und wissen es doch nicht,
da wir es aus unserem Alltag verdrängen.
Wir sichern uns ab gegen Altersarmut,
Krankheit. Das ist gut so.

Aber wie gehen wir mit unserem eigenen Tod um?
Überhaupt nicht.

Wir leben stattdessen mit einer ständig ängstlichen
Bedrohung, die immer hinter uns steht. Vor der wir
ein Leben lang weglaufen. Wir verschließen gleich-
zeitig die Augen vor Krankheit, Tod und Schmerzen,
die häufig zur letzten Lebensphase gehören. Wenn
wir aber in uns gehen, uns Gedanken machen,
wohin wir gehen, wie wir dorthin gehen, auch dazu,
dass wir diesen Lebensabschnitt bewusst gestalten
können, dann erscheint schließlich vieles klarer und
einfacher. Die Angst kann kleiner werden, kann sogar
abgelöst werden durch Freude, Mut, Klarheit. Dieser
Mut ist die Angst, die ihr Gebet gesprochen hat. In
großer Bewusstheit leben wir dann im »Angesicht«
des Todes.

D.Lucht 22.6.2006

Erinnerungen,
die mir wichtig sind

Liebe Leserin, lieber Leser,

Sie begegnen hier Fragen, die sich um Ihr persönliches Leben drehen. Sie denken darüber nach, was für Sie gut und schön ist. Sie haben eine gewisse Etappe in Ihrem Leben erreicht. Sie blicken zurück. Da gab es schöne Momente. Sie haben viel erlebt. Sie können deshalb viel erzählen. Erinnern Sie sich daran! Vielleicht erinnern Sie sich an Dinge, von denen Sie geglaubt haben, Sie hätten sie längst vergessen …?

Der Erinnerungsstein

Frau Matern ist schwer krank. Ihre Pfarrerin, Frau Hell, besucht sie.
Frau Matern weint. Sie hat Angst. Sie ist verwirrt.
Sie erzählt von ihrer Angst.
Doch plötzlich lächelt sie: »*Ich habe auch viel Schönes erlebt.*«
Und sie erzählt …
Beim Erzählen strahlt sie und sagt zum Abschluss: »*Daran kann ich immer denken, wenn es mir schlecht geht.*«
Da macht Frau Hell ihre Handtasche auf und nimmt einen runden Kieselstein heraus.
»*Den habe ich Ihnen mitgebracht. Der Stein kann Sie immer an Ihren schönen Tag erinnern.*«
»Und an unser Gespräch«, flüstert Frau Hell.
»Und an alles Schöne.«
Frau Matern strahlt. Sie legt den Stein auf ihren Tisch.
»*Mein Erinnerungsstein*«, murmelt sie.
Und sie nimmt sich vor, sich – mit dem Stein in der Hand – jeden Tag eine Geschichte zu erzählen von einem Tag oder einer Stunde in ihrem Leben, wo es schön war und hell.

»*Ich bin reich*«, sagt sie, als Frau Hell sie wieder besucht. »*Ich bin reich an schönen Geschichten, die ich mir erzählen kann.*« Und sie streicht dabei über ihren Erinnerungsstein.

Ich möchte etwas über mein Leben erzählen …

Wenn wir unsere Seele aufmalen könnten
auf ein großes Blatt Papier,
mit den Schatten der Erinnerung und
mit wilder Wut,
mit zitternder Freude und hellem Lachen,
mit den Sonnenstrahlen des Morgens,
den Schatten des Abends und
all den dunklen Gängen und Verästelungen,
die Missgunst und Neid eingegraben haben,
dann gäbe das ein wunderbar buntes Bild
voller Spannungen und Kontraste.

Wenn wir dann das Tuch des Verstehens,
das weiche Tuch des Verzeihens,
den Schleier des Lächelns oder
den weich fallenden Stoff des Humors darüber breiteten,
bliebe ein herrliches, sanftes, wunderbar farbiges Märchen.

»Was war dein Leben?«,
sprach der Maulwurf zum Spatz.
»Ich zwitscherte vor Freude, ich pickte, ich flog.
Das war mein Leben.
Ich konnte nicht anders.«
Sagte der Spatz und schlug die Augen nieder.
»Du hast es gut«, sagte der Maulwurf, »so
hell und strahlend und luftig.«
Und er kroch in seine dunklen Erdgänge.
Und der Spatz zwitscherte,
pickte und flog.
Er konnte nicht anders.

Das Veilchen
weinte, weil es so klein
war, dunkel und violett.
»Ach, wäre ich doch
groß und hell und stolz«,
rief es in seiner Trauer.
»Aber dann wärest du
nicht du – mit deinen
duftenden Farben und
den zarten Blütenblättern. Eben – kein Veilchen!«, sagte das
Gras, »und wir könnten uns nicht hier am Grunde des Wald-
bodens leise Geschichten erzählen und vom leichten Wind
streicheln lassen.«

Was hat mich immer wieder besonders gefreut
in meinem Leben?   Was ist in meinen Augen Glück?
Was ist schön und bejahenswert für mich?

Diese Musik höre ich besonders gerne ...
Das bringt mich fast immer zum Lachen ...
Was waren die schönsten Ereignisse in meinem Leben?

Die Geschichte vom Stofffetzen

Da war einmal ein violetter Stofffetzen.
Nein, ein alter Wischlappen war das. Blumen ein-
gewebt, Streifen, Glanz. Abgefallen war er einst
beim Schneidern eines Ballkleides, hatte wohl von
großen Ballnächten geträumt. Aber war nichts.
Auf den Boden gefallen in der Schneiderei – Besen –
Lappentüte – Wischlappen. Das war sein Leben.
Viel zu schade. Aber wie viel Schönes ist da, und
keiner sieht es.

Lag also der Stofffetzen neben dem Scheuerlappen
im Eimer und stank so vor sich hin. Wurde in die
Waschmaschine gestopft mit einem durchlöcherten
Handtuch und zwei alten Schwämmen.

Hui, wie es da toste! Wie das Wasser ihnen um die
Säume sauste. Und dann die Hitze. Angst und bang
wurde dem Stofffetzen, denn die violetten Blumen
auf seinem Grund vertrugen die Hitze nicht. Und hui!
machte es, hui! hui! Und die Hitze stieg in ihm hoch,
und dann die Kälte. Und da plötzlich stand die
Maschine.

Still. Alles still.
Der Stofffetzen lag völlig zusammengeknüllt da,
in seiner Ecke. Landete auf der Wäscheleine,
blinzelte in die Sonne, wehte im Wind – schön
violett. Ja, die Farbe hatte gehalten.

Kommt ein Mädchen. »Schau mal, wie schön!«
Nimmt den Fetzen und klebt ihn auf ihr Lieblings-
buch, ein Märchenbuch. Die gewebte Blume!
Neben der Schrift *Märchen* prangt sie und ist selbst
fast ein Märchen.

Und klebt ein Leben lang darauf, auch noch, als das
Mädchen schon alt ist, eine Großmutter, und ihren
Enkeln vorliest. Da klebt er immer noch, der Stofffetzen. Wie viele Märchen er wohl schon gehört hat
und wie viele Geschichten? Und wie viel er gesehen
hat dabei!

Das war ein schönes Leben für den alten Stofffetzen
auf dem Märchenumschlag. Ein Märchenbuchleben.

O. Lucht 25.7.2006

Das alles war
mein Leben bis heute
und ich habe noch viele Wünsche

Es gibt Situationen in unserem Leben, in denen wir sagen:
Bis hierher bin ich gekommen. Der größte Teil meines Lebens liegt
hinter mir. Der Lebensbogen senkt sich. Es wird Abend für mich.
Dann möchten wir fragen: Was war gut? Was war nicht gut? Ich
habe vieles erreicht. Manches ist mir gut gelungen, aber noch nicht
alles. Heute ist mein Leben anders als früher, als ich noch Kind, eine
junge Frau oder ein junger Mann war. Was wünsche ich mir noch?
Was wünsche ich mir für die mir noch verbleibende Zeit meines
Lebens? – Vielleicht möchten Sie jetzt darüber nachdenken …?

ℒebenskarte – *Schatzkarte*

Mathilde, die immer schon eine große Karten- und Landkarten-
spezialistin gewesen ist – am liebsten wäre sie Geographin geworden
–, lächelt zufrieden, als Lara kommt. Sie hat Kaffee vorbereitet.
»Ich habe eine neue Karte gemalt!« Ihre Augen strahlen.
»Wo ist sie?«, fragt Lara.
»Eine Schatzkarte, eine Lebenskarte«, beginnt Mathilde und gießt
Kaffee ein.
Sie faltet eine große Karte auf den Tisch. Auf ihr ist ein Weg ein-
gezeichnet, ein Hin und Her, in den Schleifen nochmals Schleifen
und wieder geradeaus. Am Auffälligsten sind die Stationen, große
bunte, helle, schillernde und große schwarze, dunkle traurige Städ-
te, Dörfer, Blumenwiesen und Wälder, die Mathilde gemalt hat,
offenbar mit viel Bedacht.
Sie beginnt zu erklären: »Die bunten Punkte, das waren die schönsten Tage meines Lebens. Da war es hell, sonnig und bunt. Das ist
zum Beispiel der Tag, an dem mein Mann und ich geheiratet haben.« Sie zeigt auf das bunte Dorf. »Und hier der Tag, an dem unsere Tochter zur Welt kam.« Sie deutet auf ein Blumenfeld und auf
drei hellgelbe Punkte, Sonnen-Sterne: »Das sind die Tage, wo meine Familie zu Besuch kommt.« An jedem dieser Tage hat sie ein
schönes, strahlendes Bild in die Karte gesetzt.
Sie erzählt es gerne ihrer guten langjährigen Freundin. Sie verstehen sich auch ohne viele Worte.
»Und das?«, Lara zeigt fragend auf einen schwarzen Punkt.
»Das sind die dunklen und traurigen Tage. … Als mein Vater starb.«
Sie weist auf einen Punkt. »Als meine Mutter plötzlich in ein Pflegeheim gebracht werden musste. … Es war alles unheimlich, un-
durchsichtig und voller Angst.«

»Daher die Mauer?«

»Ja«, die Angst war damals wie eine Mauer«, sagt Mathilde leise. Sie schweigen.

Dann geht Lara mit dem Finger weiter: »Da ist es schon wieder heller.«

»Ja, deswegen nenne ich meine Karte auch ›Lebenskarte‹. Im Leben wechseln immer die hellen mit den dunklen Tagen. So wie jetzt.« Mathilde zeigt aus dem Fenster. Draußen ist ein dunkles, bedrohliches Gewitter aufgezogen.

»Aber wir sind drinnen«, meint Lara, »das Gewitter ist draußen.«

»Manchmal ist es dunkel bis hierher«, Mathilde zeigt auf ihr Herz.

»Ja, die Dunkelheit kann sich wirklich bis in die Menschen hinein schleichen«, erwidert ihre Freundin.

»Wollen wir jetzt unser ›Mühle‹ weiterspielen?«, fragt sie. Mathilde nickt, das war ja eigentlich der Grund, weshalb Lara gekommen ist. Sie zieht einen ihrer weißen Steine. Draußen reißt gerade der Himmel auf. Das Gewitter ist wie weggeblasen. Sonne scheint ins Zimmer. Alles ist hell und schön.

»Lebenskarte – Schatzkarte«, murmelt Lara und schiebt einen schwarzen Stein. Dann erzählt sie mit ernstem Gesicht von dem Unfall, den sie vor zwei Jahren hatte und der so manche Spuren hinterließ, nicht nur körperliche.

»Kennst du das auch?«, fragt Mathilde, »das Helle und das Dunkle?«

»Aber ja, das gibt es doch bei jedem Menschen«, antwortet Lara, »jeder hat dunkle und wunderbar helle Tage, Hoffnungen und

Enttäuschungen. Aber es geht immer wieder weiter.«

Ihr Mann kommt herein, setzt sich dazu, gießt sich eine Tasse Kaffee ein und fragt: »Und wer gewinnt bei diesem Spiel?«

»Keiner«, sagen Mathilde und Lara wie aus einem Mund.

»Und doch«, fügt Lara hinzu, »gewinnen tut eigentlich der, dem es gelingt, immer ein Stück Licht in sich zu haben. Auch, wenn er auf einem dunklen Feld steht.«

War mein Leben bisher gut und schön?
Hätte ich manches anders machen wollen?

Gibt es Enttäuschungen in meinem Leben?
Wie gehe ich heute damit um?

Was ist mir misslungen oder fehl gelaufen?
Habe ich Schicksalsschläge erlebt?

*D*as Löffelgebet

Gott, ich lebe gerne.
Gib mir bitte weiter jeden Morgen
einen Löffel Geduld,
eine gute Prise Humor,
eine Tüte voller Weisheit,
einen Schlag Lächeln obendrauf
und so viel Vertrauen in dich,
dass ich damit auch den Menschen
um mich herum sage:
das Leben lohnt sich –
Ich lebe gerne.

Wie war mein Alltag früher?
Wie sieht mein Alltag heute aus?

Ich habe noch Pläne für mein weiteres Leben!
Ich möchte darüber sprechen …

Träume sind die Flügel,
die mich sanft
durch mein Leben
gleiten lassen.

Kümmern – Glücken

Ich kümmere mich.
Kümmern
kommt von Kummer.
Warum heißt das Wort nicht
glücken?
Ich glücke mich.

Wir glücken.

Worauf freue ich mich jeden Tag?
Was bedrückt mich? Gibt es unerfüllte Wünsche?

Was oder wen vermisse ich?   Worauf hoffe ich?
Wie soll mein Leben in Zukunft aussehen?

Meine Beziehungen zu anderen Menschen

Es ist schön, mit anderen Menschen zusammen zu leben.
So sind wir nicht allein. Und doch kann das Zusammenleben
mit anderen schwierig sein. Manchmal sind wir von Menschen
enttäuscht. Dann möchten wir in Ruhe gelassen werden.
Es kann vorkommen, dass uns Menschen Angst machen.
Oder dass uns das Herz vor Freude springt, wenn wir einen
bestimmten Menschen sehen. Manchmal sagen wir zu einem
Menschen: Ohne dich kann ich nicht sein. Ich brauche dich. –
Denken Sie darüber nach, was Ihnen andere Menschen bedeuten.

Du bist meine Freundin

Marga wohnt in einem Haus hinten am Hang. Im Nachbarhaus wohnt Elisa. Abends, wenn sie heimkommt, klingelt Marga oft bei Elisa an und sagt »Hallo«.

Manchmal trinken sie zusammen ein Glas Saft, manchmal erzählen sie von einem Ärger, den sie heute hatten. Manchmal spielen sie ein Spiel oder sehen zusammen fern. Manchmal erzählen sie und lachen. Manchmal schweigen sie einfach. Jeden Abend freuen sie sich, die andere zu sehen.

Da hat Elisa eine Grippe. Marga kann sie nicht besuchen. Und Marga setzt sich an ihren Tisch und schreibt eine Karte für Elisa: »Du bist wichtig für mich. Du bist meine Freundin.«

Wie wichtig sind mir Freundschaften
und Beziehungen zu anderen Menschen?

Habe ich gern vertraute Menschen um mich?
Habe ich manchmal Angst vor Menschen?
Bin ich, wenn es mir schlecht geht, lieber allein?

Was schätze ich besonders an meiner Mutter,
meinem Vater, an meinen Geschwistern,
meiner Ehefrau/meinem Ehemann, an …?

bschiede

Marie ist krank. Schwer krank.

»Ich habe einige gute Freunde«, sagt sie, »ich will
mich von ihnen verabschieden.«

Und sie macht sich als erstes eine Liste, danach eine
Zeichnung mit lauter Ringen. Im innersten Ring
stehen die Menschen, die ihr am nächsten stehen.
Im weiteren Ring stehen Freunde, im weitesten Ring
Bekannte. Marie will ihren Freunden Adieu sagen.
Marie entschließt sich dabei, sich zuerst mit den
Menschen, die ihr am nächsten stehen, zu treffen.
Bei jedem Treffen, so überlegt sie, sollen die Freund-
schaft, auch Streitigkeiten, die tiefe Verbindung,
gemeinsame Erinnerungen und schließlich das
Abschiednehmen zur Sprache kommen.

Marie schließt mit diesen Menschen »ihre« Beziehung ab. Das macht sie zufrieden. Selbst wenn sie
diese Menschen auch nachher noch sieht: Es ist alles
so ruhig und klar geworden.

Als Marie all diese Abschiede hinter sich hat,
sitzt sie am Fenster und schaut in die untergehende
Sonne. Dabei sagt sie laut und lächelnd: »Da bin ich,
losgelöst und klar.«

Kann ich mir vorstellen, beim Sterben eines anderen
Menschen dabei zu sein?
Welche Person sollte dabei sein, wenn ich einmal sterbe?

Mein Freund Hans ist gestorben.

Ich war bei ihm.
Ich habe ihm die Hand gegeben.

Auf einmal hat er seine Hand genommen,
und aus meiner Hand gelöst.

»Lass los«, flüsterte er,
lächelte und sagte: »Auf Wiedersehen.«

Er lag dort, gelöst …
Und starb.

Ich glaube, er hatte einen glücklichen Tod.

Du hast mir weh getan.
Ich bin böse.
Ich bin so wütend auf dich!

Warum hast du das getan?
Ich dreh mich weg von dir.

Und doch, ganz langsam sehne ich mich danach,
wieder mit dir zu sprechen.

Ich schaue dich an.
Deine Augen sagen: Es tut mir leid.
Verzeih mir bitte!
Ich gebe dir die Hand.

Vielleicht können wir von Tag zu Tag
und immer wieder
ein Stück näher rücken
und schließlich sagen:
Es ist wieder gut.

Kann ich verzeihen? Kann ich auch denen verzeihen, die mir seelische Schmerzen zugefügt haben? Wer ist das? Kann ich dem anderen sagen: Es ist wieder gut?

*I*ch habe dir weh getan.
Ich weiß.
Ich war so wütend
und so verletzt.
Ich musste einfach schreien …

Aber jetzt möchte
ich dir sagen: Das war nicht gut.
Jetzt möchte ich dir sagen: Es tut mir leid.

Jetzt möchte ich dir wieder meine Hand geben.
Damit es klar ist zwischen uns.
Jetzt und weiter.

*E*ine weise Frau wurde gefragt:
»Wie verbringst du deine Tage?«
»Ich gehe meiner Arbeit nach,
ich treffe Freunde,
ich gehe spazieren.
Doch das Wichtigste ist:
Ich bin immer wieder bei mir.«

Kann ich Schuld eingestehen?
Möchte ich Menschen um Verzeihung bitten,
die ich vielleicht verletzt habe?   Wer ist das?

Ich brauche jetzt einen zum Scherzen, zum Lachen.
Einen zum schöne-Sachen-machen.
Einen, der bei mir ist in meinem Zimmer.
Einen, der mich liebhat, jetzt und immer.

Verlassen

Ich bin allein
und nicht nur das:

Ich selbst habe
mich verlassen –

ich habe gemerkt –

nach und nach ist
es abgebröckelt:

mein Selbstbewusstsein –

ich bin nicht mehr die,
die ich war,

allein ist mehr als allein.

Ich habe eine Freundin

Sie hört zu.
Sie erzählt.
Sie tröstet.
Sie geht mit mir.
Sie ist wie eine Quelle
für mich.
Eine Quelle, an die ich
herantreten kann.
Die sprudelt,
die ich betrachte,
von der ich trinke.

Ich bin das Gleiche
für sie.
Eine Freundin.

Wenn ich mit einem anderen Menschen
eine Beziehung
eingehe,
muss ich *mich selbst* einbringen.

Dabei ist es egal,
zu wem ich die Beziehung eingehe:
zu meinem Mann,
zu meinen Kindern,
zu meiner Freundin,
zu meinem Freund oder
zu Gott.

Ein Gedicht für dich

Ich möchte ein Gedicht
schreiben für dich,
in dem alles eingefangen ist,
was wir füreinander sind.

Ein Gedicht
aus Worten vielleicht
oder Flüstern …
ein Gedicht aus Stille,
ein Gedicht aus Freude
und Kraft
oder auch aus Schweigen.
Ich möchte ein Gedicht
machen für dich.

Ein Gedicht, das da ist,
wo wir uns umarmen.

Was ich noch unbedingt tun möchte …

Jetzt, nachdem Sie darüber nachgedacht haben, dass der größte Teil Ihres Lebens gelebt ist, kommen Ihnen vielleicht Gedanken, dass Sie bestimmte Dinge noch unbedingt tun wollen. Sie haben an Menschen gedacht, die Ihnen wichtig sind. Da gibt es möglicherweise noch einiges zu sagen: ein Dankeschön, eine Bitte um Vergebung oder ein Verzeihen. Es kann sein, dass die Vorstellung des eigenen Sterbens gar nicht mehr so weit weg ist wie noch vor einigen Jahren. Da möchten Sie zum Beispiel ein Testament machen oder nachdenken, wie Ihre Bestattung gestaltet werden soll, welche Lieder gesungen, welche Texte oder Gebete gesprochen werden sollen, wer am Grab sprechen, welche Musik gespielt werden soll oder was auf Ihrem Grabstein einmal stehen kann. Am Lebensende kann es vorkommen, dass man selbst dem Arzt oder der Ärztin nicht mehr sagen kann, wie man sich fühlt. Es kann sein, dass man nicht mehr alles versteht, was über einen oder mit einem gesprochen wird, dass der Arzt oder die Ärztin einem Fragen stellen möchte, zum Beispiel zu Behandlungswünschen, aber man versteht es nicht mehr. – Dann ist es gut, wenn Sie sich jetzt Gedanken machen: Wer soll in einem solchen Fall Ihre Wünsche hinsichtlich medizinischer und pflegerischer Maßnahmen umsetzen?

Nennen Sie hier eine Person, zu der Sie volles Vertrauen haben. Eine Person, die Sie schon lange gut kennt und mit der Sie viel über sich selbst gesprochen haben – oder es jetzt tun werden. Es ist gut, wenn Sie sich entschließen können, diese Vertrauensperson zu fragen, ob sie bereit ist, diese schweren Entscheidungen für Sie umzusetzen. Sie informieren sie über Ihre Wünsche. – Suchen Sie möglichst mehrmals solche Gespräche. Dann wird Sie die betreffende Person immer besser kennen lernen. Besonders, wenn Sie früher anders gedacht haben als heute, was Ihnen im Leben wichtig ist. Denn Sie haben sich verändert.

Es kann sehr nützlich und hilfreich sein, die Person Ihres Vertrauens zum Bevollmächtigten in Ihren gesundheitlichen Angelegenheiten oder zum rechtlichen Betreuer zu bestimmen. Das könnte vielleicht einmal erforderlich sein. Sie können auch mehrere Personen benennen, zum Beispiel für Fragen, die Ihr Vermögen und Ihre Finanzen betreffen oder für Fragen, die sich mit Ihrem Wohnaufenthaltsort beschäftigen. Sagen Sie dieser Person oder diesen Personen, was Sie sich wünschen, was Ihnen noch unbedingt wichtig ist. Ein Nebeneinander von Vollmacht und Betreuung sollten Sie aber besser vermeiden. Wenn Sie geklärt haben, ob Ihre Vertrauensperson bereit ist, die Verantwortung als Ihr Bevollmächtigter oder Ihr zukünftiger Betreuer zu übernehmen und Ihre Wünsche umzusetzen, füllen Sie die Fragen auf Seite 62 entsprechend aus.

Gibt es »Unerledigtes« in meinem Leben,
das ich gerne in Ordnung bringen möchte?

Wir geben uns noch einmal die Hand.
Ich möchte noch
meinen Streit mit meinem Bruder schlichten.

Ich will ihm schreiben:
»Komm her, bevor es zu spät ist.
Ich bin krank. Ich könnte sterben.«

Und ich würde ihm dann sagen:
»Lass es gut sein, Bruder.
Oft geht das Leben sehr hart mit uns um.
Wir verhärten, werden bitter,
hören nicht mehr auf den anderen,
bestehen unerbittlich auf unserem Recht.

Lass es gut sein, Bruder.
Wir sind nicht die Richter.«
Wir geben uns noch einmal die Hand.

Auf der Suche

Auf der Suche nach Leben.
Auf der Suche nach allem, was auf der Erde ist
an Kraft und Freude,
an Trauer und Verlassenheit.

Auf der Suche nach allem, was auf der Erde
noch möglich ist,
damit sie weiter bewohnbar bleibt,
bis in das nächste Jahrtausend.

Auf der Suche –
Auf der Suche nach einer neuen Erde.

Habe ich Vorbereitungen
für den eigenen Todesfall getroffen

(zum Beispiel: Testament, Sterbebegleitung, Beerdigungswünsche ...)?

Möchte ich, dass eine bestimmte Person für mich medizinisch-pflegerische Entscheidungen trifft? Wer ist das? Wer soll auf keinen Fall für mich entscheiden?

Fall ich einmal nicht mehr selbst entscheiden kann, wünsche ich mir folgende Person als meinen gesetzlichen Vertreter (Betreuer):

Name:

Anschrift:

Telefon: E-Mail:

- Betreuung in gesundheitlichen Angelegenheiten:
  Ja ☐   Nein ☐

- Betreuung in Vermögensangelegenheiten:
  Ja ☐   Nein ☐

- Betreuung in Fragen des Aufenthaltsortes (zum Beispiel: Einweisung in ein Pflegeheim, sofern erforderlich):   Ja ☐   Nein ☐

- Ich erteile dieser Person Vollmacht in gesundheitlichen Angelegenheiten; sie ist auch bevollmächtigt, Entscheidungen am Ende meines Lebens für mich zu treffen: Ja ☐   Nein ☐

- Andere Vollmachten (zum Beispiel Geldangelegenheiten, Post, Umgang mit Behörden):

  an die oben genannte Person   ☐

  an folgende Person   ☐

Name:

Anschrift:

Telefon: E-Mail:

Die Nennung von Vertrauenspersonen an dieser Stelle soll Ihnen helfen, sich mit den Gedanken zu befassen, dass eventuell einmal andere für Sie entscheiden müssen. Es ist sinnvoll, für diese Betreuungsverfügungen und Vollmachten ein gesondertes Formblatt zu verwenden und sich gegebenenfalls beraten zu lassen. Hinweise dazu finden Sie im Anhang auf Seite 124.

Weitere Anmerkungen und Wünsche an Betreuer
bzw. Bevollmächtigten:

- Wenn es mal mit mir so weit ist, dann wünsche ich …

- Du sollst wissen, was mir unbedingt wichtig ist …

- Was ich noch sagen möchte am Ende meiner Tage …

Kleidung für mein Begräbnis:

Pfarrer/-in, Redner/-in:

Bibelwort:

Musik, Lieder:

Grabstein:

Feuerbestattung: ☐   Erdbestattung: ☐

Sonstige Bestattungsform:

Einladung zum Beisammensein nach der Feier:
Ja ☐   Nein ☐

Wer soll dabei sein?

*M*ein Leben hat einen Sinn –
bis zum letzten Atemzug.

Mein Leben hat einen Sinn.
Auch, wenn ich ihn häufig aus dem Auge verlor,
bei allem Gewusel des Lebens.

Jetzt fasse ich ihn klar,
habe ihn vor Augen
und lebe weiter:
Mein Leben hat einen Sinn!

*I*ch habe Schmerzen.
Ich möchte diese Schmerzen betäuben,
damit ich wach bleibe
für die Gegenwart
meines zu Ende gehenden Lebens.
Ich möchte diese Gegenwart wach,
aktiv und freudig gestalten,
um mich im Tod
»ganz«
einbringen zu können.

Krankheit, Leid und Schmerzen

Es gibt Dinge, an die wir nicht gerne denken, über die wir am liebsten gar nicht sprechen möchten. Die Vorstellung, dass wir vielleicht einmal schwer krank werden und Schmerzen haben könnten, kann uns ängstigen. Und doch – die meisten Menschen sind froh und dankbar, wenn sie ihre Scheu vor diesen Themen überwunden und mit einer vertrauten Person darüber gesprochen haben. Das erleichtert. Endlich ist die Angst ausgesprochen, die in mir steckt, und einer ist da, der mir zuhört. Einer, dem ich meine tiefsten, bisher nicht eingestandenen Ängste anvertrauen kann. Eigentlich wissen wir ja, dass Ängste »normal« sind, jeder kennt das.

Und schließlich …

Am Ende des Lebens sind manchmal schwierige Entscheidungen zu treffen. Für den Fall, dass andere Ihren Willen umsetzen müssen, wäre es hilfreich, wenn Sie vielleicht jetzt schon über besonders sensible Dinge nachdenken würden. Die Gedanken dazu können auch ganz bei Ihnen bleiben, wenn Sie das wünschen. Sie sind dann eine heutige Momentaufnahme und sollten von niemandem interpretiert werden.

Sie möchten gewiss ein möglichst langes Leben führen. Wie wäre es für Sie – aus Ihrer heutigen Sicht (die sich natürlich ändern kann) –,

- wenn Sie schwer krank wären?
- wenn Sie wahrscheinlich auf keinen Fall mehr gesund werden können?
- wenn Sie sehr lange bewusstlos wären, und niemand sagen könnte, ob Sie aus diesem Zustand wieder aufwachen, und Ihnen auch niemand sagen könnte, wie sich das »anfühlt«?
- wenn Sie nicht mehr selber essen und trinken und nicht mehr sprechen könnten?

Sie legen hiermit nichts fest, denn niemand kann vorhersagen, wie er oder sie sich in der beschriebenen Situation entscheiden würde. Sie lassen lediglich ein Nachdenken über eine Situation zu, in die ein Mensch kommen kann. Es kann eine Hilfe sein, wenn andere wissen, wie Sie heute dazu stehen. Eine vertrauensvolle Beziehung zu Ihrem Arzt bzw. Ihrer Ärztin ist äußerst wichtig.

Auch wenn aus medizinischer Sicht alle Möglichkeiten ausgeschöpft sein mögen, dürfen wir darauf vertrauen, nicht verlassen zu sein, denn:

Der HERR ist mein Hirte, mir wird nichts mangeln.
Er weidet mich auf einer grünen Aue
und führet mich zum frischen Wasser.
Er erquicket meine Seele.
Er führet mich auf rechter Straße um seines Namens willen.
Und ob ich schon wanderte im finstern Tal, fürchte ich kein Unglück;
denn du bist bei mir, dein Stecken und Stab trösten mich.
Du bereitest vor mir einen Tisch im Angesicht meiner Feinde.
Du salbest mein Haupt mit Öl und schenkest mir voll ein.
Gutes und Barmherzigkeit werden mir folgen mein Leben lang,
und ich werde bleiben im Hause des HERRN immerdar.
(Psalm 23)

Im Fall einer **schweren chronischen Erkrankung,** bei der abzusehen ist, dass eine Verschlechterung Ihres Gesundheitszustandes eintreten wird, ist es ratsam, dass Sie mit Ihrem Hausarzt/Ihrer Hausärztin einen **Umfassenden Versorgungsplan** (im amerikanischen Sprachgebrauch als Advanced Care Planning bekannt) vereinbaren. Dieser ist eine gute Alternative zur Patientenverfügung, kein Formular, sondern ein Stufenplan für den Fall einer akuten Verschlechterung.

Wenn Sie selbst wissen, dass Sie nun keineswegs mehr gesund werden können, weil die Medizin an ihre Grenzen gekommen ist, Sie sich auf das Sterben vorbereitet haben und auch nach reiflicher Überlegung keine Einweisung in ein Krankenhaus mehr wünschen, können Sie dies – nachdem Sie sich mit allen Beteiligten besprochen haben – in einem Vorsorgeplan festlegen. Gewisse Symptome in der letzten Lebensphase sind fast immer vorhersehbar.

In einer solchen Situation nimmt die Fähigkeit zur Selbstentscheidung schrittweise ab. Stetige Gespräche und ein ehrlicher Austausch über Ihre Wünsche und Bedürfnisse sind jetzt nötig, damit Ihre weitere Begleitung in Achtsamkeit und würdevoll geschehen kann.

Sie vereinbaren in dem Umfassenden Versorgungsplan, zusammen mit Ihrem Arzt des Vertrauens oder dem Ärzteteam, den Pflegekräften und Ihren Angehörigen, medizinische Behandlungsmaßnahmen und Elemente der Betreuung: Pflegemaßnahmen, Medikamentengabe, eine Telefonkette von Angehörigen und gegebenenfalls Seelsorge.

Es ist tröstlich zu wissen, dass man in diesem Fall nicht mehr gegen den eigenen Willen in eine Notaufnahme oder auf eine Intensivstation gebracht wird, sondern dass man dort sterben darf, wo man zu Hause ist, begleitet von geliebten Menschen. Das wünsche ich Ihnen von Herzen.

Was tut mir weh?
Habe ich körperliche oder seelische Schmerzen?

Was tue ich, wenn mir etwas wehtut?
Lasse ich mir gerne von anderen helfen?

Was habe ich früher getan, wenn es mir schlecht ging?
Wie komme ich heute mit Krank-Sein klar?

Freue ich mich, wenn mir jemand hilft?

Gott, ich möchte sprechen.
Aber die Angst setzt sich vor die Worte,
versperrt den Ausgang.

Gott, ich möchte sprechen.
Aber ich schweige lieber.
Wer will mich schon hören.

Gott, ich möchte sprechen
und ich tu es trotz allem.
Ich bin ein Mensch.
Ich bin kostbar.
Ich bin ein kleiner funkelnder Edelstein
auf unserer großen Erdkugel.
Und darf blitzen und glitzern …
Ich darf sprechen!
Und ich spreche ja schon.
Zu dir, Gott!

Meine allergrößte Angst:
In einen Zustand zu kommen,
in dem ich nicht mehr
sagen kann:
Ich habe Schmerzen.
Daher möchte ich vorsorglich sagen:
Bitte gebt mir Schmerzmittel,
falls ich mich nicht mehr äußern kann.
Bitte versorgt mich!

Mit wem (mit welcher Vertrauensperson) würde ich mich gerne einmal darüber aussprechen?

Zum Beispiel: ein Freund, eine Freundin, ein Seelsorger, eine Seelsorgerin, mein Hausarzt oder meine Hausärztin, Betreuer/-in in der Wohngemeinschaft, eine Pflegekraft?

Behinderung ist
Zeichen und
Auszeichnung.
Beides.

Ein Zeichen ist sie,
weil ich weniger kann,
einen Makel habe.
Eine Auszeichnung ist sie,
weil ich sehr bewusst damit umgehen kann,
weil ich ein sehr großes Bewusstsein von mir
und meinem Inneren aufgebaut habe.
Weil ich bewusster
jeden kostbaren,
kleinen Augenblick
erlebe.

Behindert.
Ein hartes Wort. Ich kann vieles nicht.
Aber eigentlich kann ich doch viel, so viel:
schauen, fühlen, mich ausdrücken …
Ich bin reich,
denn ich habe Fähigkeiten. Viele.
Ich werde beginnen,
sie stärker zu zeigen:
Ich kann viel.
Ich bin so wunderbar
und einmalig.
Auch wenn ich behindert bin.

Wie geht es mir mit Behinderungen anderer Menschen? Welche Gefühle und Gedanken wecken sie in mir? Wie reagiere ich? Wie lasse ich mich auf die Menschen ein?

Ich habe Schmerzen, starke Schmerzen.
Ich nehme ein Mittel – dagegen.
Ich habe mich von meinem Arzt überzeugen lassen,
dass das dauernde Ertragen von Schmerzen
den Menschen innerlich verkrampft,
ihn mürbe, müde und bitter macht.

Jetzt bin ich ohne Schmerzen –
Ich setze mich entspannt hin,
sehe die Sonne, Blumen, den Himmel, die Wolken.
Ich kann wieder wahrnehmen,
den Augenblick genießen in seiner ganzen Breite und Höhe.
Ich bin dankbar!

Wenn ich zum Sterben komme.
Bitte, verlängert mein Leben nicht
künstlich!
Herumdoktern, probieren, Versuche
wären für mich eine Qual.

Lasst mir Ruhe.
Damit ich mich gelassen
und ruhig
lösen kann
aus der Erde
in den Himmel.

Wie stehe ich zu Schmerzen? Welche Krankheiten habe ich durchgemacht? – Was hat mir damals geholfen? – Welche Folgen hat das für mich gehabt?

Wenn ich schwer krank wäre und die Ärzte wüssten nicht, ob ich noch einmal gesund werde: Möchte ich dann mit entscheiden, wie es mit mir weitergeht?

Möchte ich mich einer bestimmten Person voll anvertrauen?   Wem?

Zu welchem Arzt (welcher Ärztin) habe ich IMMER Vertrauen?

Name:

Anschrift:

Tel.:

E-Mail:

Soll dieser Arzt (diese Ärztin) angerufen werden, falls ich einmal plötzlich ins Krankenhaus gebracht werden müsste?

Wünsche eines Schwerkranken

Tapfer möchte ich sein
wach möchte ich sein
bewusst möchte ich sein:
durchsichtig, klar und wahr.

Voller Freude möchte ich sein,
voller Abschied, voller Trauer.
Offen möchte ich bleiben
und lebendig
für mein Leben
für meinen Tod.

Wenn ich krank werde,
ist mein größter Wunsch,
dass ich regelmäßig Besuch bekomme,
dass eine Blume an meinem Bett steht,
dass ich noch lesen kann oder vorgelesen bekomme.
Und auch jenes Bild, das ich so liebe
(du weißt ja, welches Bild ich meine),
soll über meinem Bett hängen,
wenn ich krank werde,
schwer krank bin.

Wenn ich schwerkrank wäre und ich den Tod ganz nah spüren würde: Wer soll bei mir sein?   Welche Gegenstände will ich bei mir haben (z. B. Fotos, Bilder, Kuscheltier …)?

Welche Dinge möchte ich unbedingt selber regeln? Wann vertraue ich mich ganz meinen Ärzten, meinem Bevollmächtigten oder meinem Betreuer an?

Sterben

Angst, fast Grauen beschleicht mich,
ich weiß nicht, was da auf mich zukommt.
Ob man leidet?
Schmerzen, Apparate, Intensivstation,
Gottes Richterstuhl.
Himmel – und ob es eine Hölle gibt.
Ob jemand wohl schon wartet,
mich in den Arm zu nehmen?

Angst, unheimlich ist das.
Meine Seele soll über meinem Körper
schweben; hört sich an wie im Film.
Sterben ist so unwirklich,
so unfassbar.
Deswegen habe ich Angst davor,
aber ich bin auch neugierig.
Von einem Tunnel, von Licht und
Schweben, von Glück, nicht von Angst und Schmerzen
erzählen in Büchern die Leute,
die schon einmal klinisch tot waren.
Ob die dann echt Gedanken lesen konnten?

Und: Das eigene Leben wie im Kino zu sehen,
muss spannend sein.
Total seltsam, aber gut.
Eigentlich weiß ich jetzt gar nicht,
warum ich eben noch so bedrückt war.
Zwar kann keiner wissen, wie es
letztlich ist,
wenn man tot ist,
aber es scheint keinen Grund zur Angst
zu geben.

*I*ch möchte,
bevor ich sterbenskrank werde,
üben zu verzichten
mit einem großen Lächeln.
Dann wäre ich selbst
bei einem Tod in der Klinik
mit einem Bild
oder einer Blume
zu Hause.
Und ich müsste mich nur noch
aus wenigen Dingen
lösen.

Wenn die schon klinisch tot waren
und das gar nicht schlimm fanden
– und zwar Schwarze wie Weiße,
Asiaten wie Europäer,
Christen wie Muslime –,
dann kann es nicht schlimm sein.
Ich bin so gespannt.
Nur: Einer muss diejenigen trösten,
die weinen, wenn ich sterbe.
Ich glaube, sie leiden dann mehr als ich,
wenn ich
sterbe.

Anne Bischoff

*W*as ich zum Sterben brauche

Was ich zum Sterben brauche
ist
ein helles Zimmer
ein Blumenstrauß
einen lieben Verwandten oder Freund,
der bei mir bleibt,
bis ich loslasse
und gehe.

Habe ich schon einmal einen Menschen erlebt, der sehr lange bewusstlos war (zum Beispiel: beim apallischen Syndrom)? Wie war das für mich?

Wie ist das mit Gott?

Fast jeder Mensch glaubt irgendwie an Gott. Aber oft wird gesagt: Mein Glaube ist meine Privatsache. Das stimmt natürlich. Die Beziehung, die ich zu Gott habe, ist meine persönliche Beziehung, weil Gott mit jedem Menschen einen ganz eigenen Weg geht. Es gibt Menschen, die können völlig selbstverständlich über ihren Glauben sprechen, andere tun sich da eher schwer. Und doch gehören die Sache mit Gott und unsere persönlichen Erfahrungen mit ihm zu den Fragen, die uns unbedingt angehen, wenn wir über unser Leben nachdenken. Es gibt Zeiten in unserem Leben, da spüren wir gar nicht, dass da ein gütiger Gott sein soll. Da fühlen wir uns eher gottverlassen. Und dann kann es wieder Zeiten geben, da ahnen wir, dass uns Gott oder ein Engel Gottes getragen hat. Egal, welcher Religionsgemeinschaft Sie angehören, und auch dann, wenn Sie keiner zugehören: Lassen Sie sich ermutigen, einmal über Gott und Ihren Glauben nachzudenken …

Glaube ich an Gott?

Was gibt mir Hoffnung?
Denke ich an Gott, wenn es mir schlecht geht?

*G*ott,
warum?
Warum mach' ich mir Gedanken über dich?
Warum denk' ich, du bist da?

Dabei hab' ich dich noch nie gesehen, oder?

Warum?
Warum sprech' ich mit dir?
Warum stell' ich dir diese Fragen?

Dabei hast du doch nie geantwortet, oder?

Ich frag' mich:
Warum weiß ich, dass du da bist?
Gott.

*G*ott,
jener Große, Verrückte,
der noch immer an den Menschen glaubt.

Gott mag keinen Tee

Eine Frau hatte beschlossen, mit Gott ein Verhältnis einzugehen.

Viele Jahre über hatte sie ihn schon konsequent ignoriert. Nun sollte Schluss damit sein. Doch – die Frau kratzte sich nachdenklich am Kopf – wie sollte sie sich mit Gott in Verbindung setzen. Anrufen konnte sie ihn schließlich nicht, und die Post konnte der Frau auch nicht weiterhelfen. Als Kind, so erinnerte sich die Frau, musste sie sich abends vor dem Schlafen vor ihr Bett knien und ihre Gebete aufsagen. Vielleicht war das eine Möglichkeit. Doch Quatsch! Sie war schließlich kein kleines Mädchen mehr, sondern hatte selbst vier Kinder, die zur Schule gingen. Nun gut. Sie würde sich also das Knien ersparen und im Bett liegend beten.

Abends stellte die Frau fest, dass sie keines ihrer alten Gebete mehr vollständig aufsagen konnte. Morgen wollte sie Gebetbücher suchen.

Gute Nacht.

Am nächsten Abend sagte die Frau voll Stolz drei lange Gebete auf, die sie am Tag zwischen all der Arbeit auswendig gelernt hatte. Die Frau war zufrieden mit sich. Jeden Abend sagte sie nun ihre Gebete. Aber: Gott schien sie nicht zu hören. Er antwortete nicht. Vielleicht, so riet eine Freundin der Frau, sollte sie mal von sich und ihrem Alltag erzählen, statt die vorgefertigten Gebete zu benutzen.

Die Frau erzählte Gott von nun an von Thorsten, der sich immer nur mit Jana stritt, von Oliver, der wieder an die frisch geputzten Fenster gefasst hatte, davon, dass sie keine Lust mehr hatte, nachmittags Kindertaxi zu spielen.

Es tat der Frau gut, wieder jemandem das anvertrauen zu können, was ihr Mann nicht mehr hören mochte.

Erschöpft fielen ihr die Augen zu. Doch: Gott antwortete noch immer nicht.

Die Frau lud manchmal morgens ihre Freundin zu einem gemütlichen Plausch ein. Der Tee war schon am Ziehen, als die Freundin absagen musste. Schade. Trotzdem setzte sich die Frau hin und trank alleine ihren Tee.

Sie starrte auf die zweite, leere Tasse und überlegte sich, was heute anstand.

Gerade so, wie sie es beim Beten tat. Und mit ihrer Freundin.

Was wäre, wenn …

Die Frau goss in die zweite Tasse heißen Tee.

Milch? Zucker?

Sie erzählte laut, was sie bewegte. So, wie die Frau auf die Antworten ihrer Freundin gehört hätte, lauschte sie nun auf die Stille. Plötzlich kamen ihr ganz neue Ideen. Ja, so könnte sie es machen! Schon lange hatte sich die Frau nicht mehr so gut unterhalten wie heute.

Wie heute mit Gott.

Mit Gott, dem sie Zeit zum Antworten ließ, dem sie zuhörte.

Nur eines musste die Frau feststellen: Der Tee in der Tasse war kalt geworden, unangetastet.

Gott mag keinen Tee.

Anne Bischoff

Wenn ich sehr leide oder traurig bin, bete ich dann?
Bete ich, wenn ich Angst habe?
Was weiß ich aus meiner Religion über den Tod?

Du kannst Gott nicht finden?
Willst du es denn?
Ja?
Dann nimm dir jeden Tag möglichst zu einer festen Zeit,
in der du nicht so leicht gestört wirst, eine Viertelstunde Zeit.
Zeit für dich und Gott.
Du setzt dich bequem hin und verabredest mit dir selbst,
dass alle anderen Probleme,
aller Wirbel für die nächsten Minuten beiseite gelegt werden.
Sie sollen dich möglichst nicht stören.
Dann sitzt du einfach da.
Denke möglichst gar nichts.
Horch vielmehr auf dein Inneres.
Hörst du dein Herz schlagen?
Spürst du deine Füße, deine Schultern?
Sei einfach da. Denke nicht so viel.
Vor allem: Denke nicht nach, grüble nicht.
Der eine oder andere Alltagsgedanke
wird durch dein Bewusstsein wandern.
Lass ihn ziehen.
Lass es still
werden.
So still, bis du
etwas hörst
aus dem tiefen Schweigen.

– Lebe gefährlich! –

Nach diesem Prinzip sollten wir alle unser Leben einrichten …

Denn irgendwann ist das Leben zu Ende.
Wir bekommen eine Einbestellung.
Jeder
Zum Jüngsten Gericht
Ausreden gelten nicht.
Jeder muss da hin
Ohne Sicherheiten.
Als was? Angeklagter? Richter? Kläger? Zeuge?
Das haben sie nicht geschrieben.

Also geht die Reise weiter.

– Weiter –
Ist die einzige Angabe
– Weiter und gefährlich –
sage ich

Irgendwann
Irgendwohin

Wer wird da sein und mich empfangen?
Wie stelle ich mir das Tot-Sein vor?

Ist der Tod für uns Menschen eine Erlösung?

Gehört der Tod zum Leben?

Was wird mit uns, wenn wir gestorben sind?

Gottes Glanz

Unsere tiefste Angst ist nicht die
vor unserer Unzulänglichkeit.
Unsere tiefste Angst ist die Angst
vor unserer unermesslichen Kraft.
Es ist das Licht in uns, nicht die Dunkelheit,
die uns am meisten ängstigt.
Wir fragen uns: Wer bin ich, dass ich von mir sage,
ich bin brillant, ich bin begabt und einzigartig.
Ja, im Grunde genommen: Warum solltest du das nicht sein?
Du bist ein Kind Gottes.
Wenn du dich klein machst, hilft das der Welt nicht.
Es hat nichts mit Erleuchtung zu tun, wenn du glaubst,
zusammenschrumpfen zu müssen,
damit sich die Leute um dich herum weniger unsicher fühlen.
Wir sind geboren, um den Glanz Gottes zu offenbaren,
der in uns ist.
Gottes Glanz ist nicht nur in wenigen von uns,
Gottes Glanz ist in jedem Menschen.
Wenn wir unser eigenes Licht scheinen lassen,
geben wir anderen ebenfalls die Erlaubnis,
ihr Licht scheinen zu lassen.
Wenn wir uns von unserer eigenen Angst befreien,
befreien wir mit unserer Gegenwart auch andere.

Marianne Williamson

Bekannt wurde der Text durch Nelson Mandela, der ihn 1994 bei seiner Antrittsrede
als südafrikanischer Präsident zitierte. Vorher saß er wegen seines Kampfes gegen die
Apartheid fast 30 Jahre im Gefängnis.

War ich schon einmal auf einer Beerdigung?

Wie war das für mich?

Was ist mir wichtig?

Wünsche

Möge ich tapfer sein und klar
Voller Erwartung und wahr.
Möge ich freudig weitergehn
Möge ich so meinen Himmel sehn.

Eine klare Entscheidung

Ein Mann ist schwer erkrankt. Es ist eine Krankheit, die sicher zum Tode führt.

Erst erschrickt er, ist wütend, bäumt sich auf.

»Warum gerade ich?«, ruft er laut und immer wieder.

»Warum gerade ich?«

Die Frage verhallt.

»Wer ist da?« ruft er sogar. Es gibt keine Antwort.

Da geht er in sich. Er spricht mit Freunden, Bekannten, Beratern, vor allem aber mit sich selbst. Oder sogar mit Gott. Das dauert.

Das Ergebnis ist klar und überraschend: »Ich werde aus diesem Abschnitt meines Lebens eine sehr schöne Zeit machen«, verkündet er. »Denn in gewisser Weise ist ›mein‹ Tod der Höhepunkt ›meines‹ Lebens. Er ist und war immer schon für mich der Übergang in eine andere Welt. Ich möchte daraus eine bewusste und schöne Zeit in meinem Leben machen – mit und trotz meiner Krankheit.

Ich will mein neues Leben sofort beginnen. Einfach, klar und voller Freude.«

Und er feiert ein kleines Abschiedsfest. Er verabschiedet sich der Reihe nach von Freunden und Verwandten.

Danach sitzt er am Fenster und schaut in den Himmel und sagt nur: »Da bin ich.«

Gott,
ich glaube an dich,
auch wenn ich mir dich nicht vorstellen kann.

Gott,
du bist bei mir,
auch wenn ich dich nicht sehen kann.

Gott,
du sprichst in mir,
auch wenn ich dich nicht hören kann.

Gott,
du bist Fülle und Leere,
hell und dunkel,
Licht und Schatten,
du bist einfach – unvorstellbar – alles.

Schlussgedanken

Liebe Leserin, lieber Leser,

Sie haben über Ihr Leben nachgedacht. Sie haben sich Gedanken gemacht über das was gestern war, was heute ist und was morgen vielleicht sein wird. Sie haben über Menschen nachgedacht, mit denen Sie zusammen sind oder waren. Sie haben den Mut aufgebracht, darüber nachzudenken, was Sie im Innersten bewegt, Ihre Hoffnungen und Ängste, Ihre Wünsche und Träume. Vor allem haben Sie sich klar gemacht, welcher Person Sie so viel Vertrauen schenken wollen, dass diese einmal für Sie lebenswichtige Entscheidungen treffen kann – zu Ihrem Wohl und in Ihrem Interesse. Sie sind der schwierigen Frage nicht ausgewichen, wie Sie zum Ende Ihres Lebens stehen. Für diese Klarheit wird Ihnen Ihr Arzt oder Ihre Ärztin in einer möglichen Konfliktsituation sehr dankbar sein.

Bedenken Sie: Jede Stunde, jeder Tag ist kostbar und einmalig. Jedes Lächeln, jedes Veilchen, jeder Schmetterling, jeder Sonnenaufgang, jeder Sonnenuntergang ist ein Wunder und ein Geschenk.

»Jeder neue Tag hat zwei Griffe: Wir können ihn am Griff der Ängstlichkeit oder am Griff der Zuversicht halten.«
Henry Ward Beecher, amerikanischer Prediger

Halten wir jeden neuen Tag am Griff der Zuversicht fest!

Den Himmel stell ich mir vor
als einen großen bunten Garten,
wo alles leicht ist und bunt.
Wo Schmerz und Sehnsucht
aufhören,
wo ich tanze und mich bewege
in einer wundersamen Melodie.
Ich wiege mich,
springe, schwebe.

Der Himmel ist wie
Tanzen mit dem lieben Gott.

Ein Wort an Begleitpersonen

»*Wenn wir jemandem helfen wollen, müssen wir zunächst herausfinden, wo er steht. Das ist das Geheimnis der Fürsorge. Wenn wir das nicht tun können, ist es eine Illusion zu denken, wir könnten anderen Menschen helfen. Jemandem zu helfen impliziert, dass wir mehr verstehen als er, aber wir müssen zunächst verstehen, was er versteht.*«

Søren Kierkegaard

Liebe Begleiterin,
lieber Begleiter,

Sie haben sich vorgenommen, einen Menschen zu begleiten, der sich mit Fragen an das eigene Leben, seinen Wertvorstellungen und Wünschen auseinander setzen möchte. Sie sind ihm dadurch ein wichtiger Gesprächspartner. Das vorliegende Büchlein will dazu beitragen, zwei Ziele zu erreichen: Zum einen will es helfen, Lebensbilanz zu ziehen und sich mit dem Tod und der eigenen Endlichkeit zu beschäftigen. Dazu braucht es Ermutigung für alle Beteiligten. Zum anderen will es anregen, sich der eigenen Werthaltungen bewusst zu werden, die in schwierigen Entscheidungssituationen am Lebensende richtungweisend für andere sein sollen. Insofern ist dies eine »Zuarbeit« für die Personen und Berufsgruppen, die im Bedarfsfall stellvertretende Entscheidungen treffen müssen. Durch Ihre Unterstützung wird es Ihrem Gesprächspartner leichter fallen, sich mit diesen sensiblen Themen zu befassen.

Durch die enormen Forschritte der modernen Medizin ist es möglich geworden, früher nicht heilbare Erkrankungen zu heilen, Schmerzen zu lindern und Leben zu verlängern. Ihnen verdanken wir es, wenn wir heute auch mit chronischen Erkrankungen ein gutes Leben führen können. Allerdings kann der Preis dafür sein, dass das weitere Leben mit schweren Beeinträchtigungen verbunden ist. Das muss deswegen nicht heißen, dass der Betroffene sein Leben ablehnt, sondern dass er vielmehr eine veränderte Einstellung zu seinem Leben gewonnen hat.

Parallel zu den medizinischen Fortschritten hat sich die Einstellung der meisten Menschen zum Sterben geändert. Früher galt ein plötzlicher Tod als etwas Schreckliches. In der kirchlichen Tradition wurde das »Jüngste Gericht« gefürchtet. Bei einem unvorbereiteten Tod gab es keine Möglichkeit mehr, Sünden zu bekennen und Vergebung zu erlangen. Heute haben die Menschen eher Angst vor einem langsam-qualvollen Sterben. Einerseits wird das Sterben tabuisiert, andererseits will man es unter Kontrolle haben. Dazu dienen Patientenverfügungen und ähnliche Vorsorge-Instrumente.

Die Entscheidung über medizinische Maßnahmen am Lebensende ist oft eine Gratwanderung. Verzichtet ein Arzt auf Weiterbehandlung, weil er sie für medizinisch nicht mehr indiziert hält, geht er das Risiko einer Unterlassung ein – vielleicht gibt es ja doch noch eine gewisse Chance? Führt er alle medizinisch noch denkbaren Maßnahmen durch, so geht er das Risiko einer vielleicht doch nicht mehr erfolgreichen – und auch vom Patienten nicht mehr gewünschten – Therapie ein. Ärzte sind verpflichtet, für alle medizinisch sinnvollen Maßnahmen die Einwilligung des Patienten einzuholen, ersatzweise die eines rechtlichen Vertreters. Deshalb ist eine vertrauensvolle Beziehung zwischen Arzt und Patient so wichtig.

Wenn Menschen aufgrund von irgendeiner Art von Beeinträchtigung ihr Recht auf Selbstbestimmung nicht oder nicht mehr selbst ausüben können, sind sie besonders auf die Fürsorge des Arztes und der Gesellschaft angewiesen. Beeinträchtigungen können auch nur vorübergehender Natur sein. Für einen Menschen Sorge zu tragen, erfordert die Achtung seiner Würde, seiner Wünsche und Bedürfnisse. Dies gilt auch und erst recht am Lebensende. Grundsätzlich sind auch früher geäußerte Wünsche hinsichtlich des Verzichts auf lebenserhaltende Maßnahmen (oder Wünsche nach Abbruch bereits eingeleiteter Maßnahmen) zu beachten. Solche Wünsche sind besonders ernst zu nehmen, wenn davon ausgegangen werden kann, dass sie nach sorgfältiger Abwägung der eigenen Lebenssituation und angemessener Information über die möglichen Folgen eines solchen Verzichts ausgesprochen worden sind.

Ist ein Mensch infolge seiner Beeinträchtigung nicht in der Lage, seinen Willen zu bilden und diesen mitzuteilen, ist er darauf angewiesen, dass eine Person seines Vertrauens in seinem »mutmaßlichen Interesse« entscheidet, als sein Fürsprecher, der mit ihm solidarisch ist – ein Bevollmächtigter oder ein rechtlicher Betreuer.[1] Würde und Wohlergehen des Betroffenen sollen immer Ausgangs- und Zielpunkt aller medizinisch-therapeutischen Entscheidungen sein.

Wenn der Sterbende spürt, dass seine Zeit gekommen ist, wird es ihm leichter fallen, in sein Sterben einzuwilligen, wenn er zuvor die Möglichkeit hatte, wesentliche Dinge seines Lebens zu klären. Seine Bedürfnisse nach körperlicher Versorgung und Schmerzlinderung, nach Sicherheit und Geborgenheit, Achtung und Liebe, spiritueller und seelsorgerlicher Begleitung, nach Selbstverwirklichung und Sinnfindung sollten erkannt werden. Der Sterbende wünscht sich, dass jemand da ist, der seine Ängste wahrnimmt und ihm Zuwendung entgegenbringt. Fehlt eine solche Begleitung, können sich Ängste vor Schmerzen entwickeln, vor dem Alleingelassensein, vor dem Sterben, vor einem Zuviel oder Zuwenig an Therapie, ja sogar auch davor, von seinen Angehörigen als »Last« empfunden zu werden. Schwer kranke Menschen haben große Sorge, dass ihr Recht auf Selbstbestimmung

---

1 Es muss zwischen dem Wohl oder Interesse und dem Willen eines Menschen unterschieden werden, insbesondere dann, wenn eine geistige oder psychische Behinderung oder eine Wahrnehmungsbeeinträchtigung vorliegt. Das kann bisweilen eine schwierige Gratwanderung zwischen Selbstbestimmung und Fremdbestimmung sein. In der Praxis wird auch beobachtet, dass die Interessen der Vertrauensperson anders sein können als die der betroffenen Person selbst.

und Mitbestimmung in medizinischen Entscheidungen immer mehr verloren geht.

Bei Menschen mit kognitiven Beeinträchtigungen und/oder Kommunikationsschwierigkeiten spitzt sich das Problem in besonderer Weise zu. Ihre – wenn auch begrenzte – Autonomie steht zwar außer Frage, doch bedeutet die Erforschung ihres aktuellen oder mutmaßlichen Willens am Lebensende für alle Beteiligten eine besondere Herausforderung.

Was können wir vorausschauend tun? Das Instrument »Patientenverfügung« ist oft kein gangbarer Weg, sei es, weil der Betroffene zur verbalen Kommunikation nicht mehr fähig ist, oder weil er nicht (mehr) einwilligungs- oder nicht (mehr) einsichtsfähig ist. Deshalb ist es hilfreich, wenn der Betroffene Fragen, die sein Leben betreffen, schon vorher reflektiert und mitgeteilt hat.

Wie kann eine solche Kommunikation gestaltet werden? Der in diesem Büchlein vorgestellte Weg über das Instrument einer Werteanalyse kann dazu beitragen, dass Wertvorstellungen und Wünsche des Patienten den verantwortlichen Entscheidungsträgern bekannt werden. Es werden Fragen in einfacher Sprache gestellt, die für ihn und sein Leben relevant sind. Die lyrischen Texte von Elisabeth Zöller wollen Mut machen, sich mit sensiblen Themen schon »in guten Tagen« zu beschäftigen, nicht erst, wenn eine Krankheit schon weit fortgeschritten ist. Texte und Fragen lösen einen Lernprozess aus, der für die Annahme der Zerbrechlichkeit und Endlichkeit des Lebens, das Loslassen und das schrittweise Einwilligen in das Sterben von großer Bedeutung ist. Krankheit, Leid, Hilfsbedürftigkeit und Angewiesensein auf andere sollen als zum Leben zugehörig verstanden werden.

Die Fragen können entweder von der betroffenen Person alleine – schriftlich – beantwortet werden oder aber im Gespräch mit Ihnen, weil Sie Vertrauensperson sind.[2] Dazu ist es förderlich, wenn Sie eine ruhige und entspannte Atmosphäre schaffen und ausreichend Zeit mitbringen. Eventuell sind auch verschiedene Gespräche über mehrere Wochen angezeigt oder die Herstellung von Kontakten zu anderen Bezugspersonen. Der jeweilige Grad der Beeinträchtigung ist zu berücksichtigen. Für medizinische Detailfragen und individuelle Behandlungswünsche muss jedoch ärztliche Beratung in Anspruch genommen werden.

Sie werden feststellen, dass einige Fragen für schwerst-mehrfach behinderte Menschen eine Überforderung sind und deshalb gar nicht gestellt werden können. Auch in anderen Fällen wird man nur bestimmte Themen erörtern können. Die Fragen sind als Beispiele und Anregung für mögliche eigene Fragen gedacht. Für bestimmte Situationen und Personen sind gegebenenfalls andere Fragen sinnvoll. Sie entscheiden dann, welche Fragen in welcher Form zu welchem Zeitpunkt gestellt werden. Vielleicht müssen sie noch »übersetzt«, also dem sprachlichen Verständnis des Gesprächspartners angepasst werden. Ob sie sich auf diesen Weg einlassen will, entscheidet jedoch die betroffene Person selbst. Ihre Rückmeldungen sind zu respektieren und sollen handlungsleitend sein.

Gegebenenfalls müssen die Fragen wiederholt oder umschrieben werden. Wichtig ist, dass einfühlsam und achtsam nach den Wünschen, Bedürfnissen und Wertvorstellungen gefragt wird. Die Ergebnisse des Prozesses werden schriftlich festgehalten, ebenso

---

2   Dazu müssen Sie nicht notwendigerweise auch rechtlicher Betreuer sein.

Änderungen der Wünsche und Werthaltungen, die sich später ergeben können. Es ist zu bedenken, dass jeder Mensch, besonders in Grenzsituationen, über einen eigenen »Idiolekt«, eine ihm eigentümliche Ausdrucksweise verfügt. In Krisensituationen (wie zum Beispiel im Sterbeprozess) greifen Menschen meist unbewusst auch auf eine Symbolsprache zurück, die wir häufig erst entschlüsseln müssen.

Der Betroffene sollte um Erlaubnis gebeten werden, seine Antworten aufzuschreiben und, falls dies sinnvoll erscheint, einer Entscheidungsperson (zum Beispiel Arzt, rechtlicher Betreuer, Bevollmächtigter) mitzuteilen. Willigt er ein, sollten Sie ihn darüber aufklären, dass seine Antworten und Erklärungen als wichtige Anhaltspunkte in einer späteren Entscheidungssituation herangezogen werden können. Wenn er oder sie später nicht mehr einwilligungsfähig sein sollte, lassen die schriftlichen Antworten (entweder durch die Person selbst oder von Ihnen niedergeschrieben) Rückschlüsse auf den mutmaßlichen Willen der betroffenen Person zu. Die Antworten haben einen hohen Indizcharakter.

Die Umsetzung mündlicher oder schriftlicher Äußerungen eines Menschen in Krisensituationen kann aber niemals rein mechanisch erfolgen. Es ist immer ein Interpretations- und Abwägungsprozess, der nicht nur Verantwortungsgefühl und Sorgfalt, sondern auch gute Kenntnisse über die Persönlichkeit des Betroffenen voraussetzt.
Auch die Beobachtungen Dritter – zum Beispiel Ärzte, Pflegende, pädagogisches Personal, Freunde, Angehörige, Bevollmächtigte bzw. Betreuer – können aus ihrer jeweiligen Perspektive wichtige Details über die Persönlichkeit des Betroffenen beisteuern. Diese und die Erkenntnisse aus der Werteanalyse ergeben Mosaiksteine für das Ganze. Der behandelnde Arzt und ein eventuell einzuberufendes

Ethik-Konsil (in machen Fällen ein Ethik-Forum, eine Ethikberatung oder ein Klinisches Ethik-Komitee) können dann auf Informationen zurückgreifen, die den Wertekanon des Betroffenen widerspiegeln, wenn auch naturgemäß nur indirekt. Auch mündliche Äußerungen sind zu berücksichtigen. Aber immer gilt der Grundsatz: Im Zweifel für das Leben!

Mit Ihrer Begleitung bringen Sie Ihrem Gesprächspartner eine hohe Wertschätzung entgegen. Sie erleben vielleicht die Ohnmacht der Nichtsprachfähigen – wer ist schon sprachfähig in Bezug auf unser Thema? – und sind doch solidarisch, einfühlsam und authentisch bei ihm. Ihre Menschenkenntnis, Ihre Phantasie und Ihre Bereitschaft, zur rechten Zeit zu sprechen und zur rechten Zeit zu schweigen sind wesentliche Voraussetzungen dafür, dass sich Ihr Gegenüber öffnen kann.

Die Werteanalyse ist ein geeignetes Mittel, um mit Menschen über das Thema Sterben und Tod ins Gespräch zu kommen. Dies gilt auch für Menschen mit eingeschränkter Autonomie. Hauptziel ist, die betroffene Person so weit wie möglich zu befähigen, sich mit der eigenen Sterblichkeit angstfrei und in Zuversicht auseinander zu setzen und ihr Leben in Verantwortung vor Gott zu gestalten[3]. Somit ist die Werteanalyse Hilfestellung zur Selbstfindung und Ausdruck gestützter Selbstbestimmung. Sie fördert die Erkenntnis, »dass auch dem Sterben seine Zeit gesetzt ist, in der es darauf ankommen kann, den Tod zuzulassen und seinem Kommen nichts mehr entgegenzusetzen«[4]

---

3 Toleranz und Respekt vor der jeweiligen religiösen Überzeugung des Gesprächspartners sind Grundvoraussetzungen für solche Gespräche.
4 EKD-Texte 80, S. 13

In der Weisheitsliteratur der Bibel heißt es: »geboren werden hat seine Zeit, sterben hat seine Zeit«[5].

»Nach christlichem Verständnis darf der Tod nicht herbeigeführt werden, sondern muss abgewartet werden.«[6] Mit hospizlicher Begleitung, seelsorgerlichen Gesprächen und Ritualen können wir Ängsten begegnen und die Gegenwart Gottes auch im Sterben und über den Tod hinaus erfahrbar machen.

Der Theologe Reinhold Schneider sagte einmal: »Wir kennen das Muster nicht, nach dem der Teppich unseres Lebens gewebt ist. Auch während des Entstehens erraten wir nicht, zu welchen Gebilden die Linien zusammenlaufen und die Farben sich verbinden.« Eine lebensgeschichtlich orientierte Begleitung von Menschen in jeder Lebensphase eröffnet Erzähl- und Erinnerungsräume. Deshalb kann die Werteanalyse auch dazu dienen, das Muster unseres Lebensteppichs, den roten Faden im eigenen Leben zu erkennen. Erzählte Lebensgeschichte ermöglicht eine integrative Rückschau und das Aufarbeiten von »unerledigten« Situationen. »Vergessene« Szenen des Lebens können wiederentdeckt werden. Darüber hinaus kann das Erzählen der eigenen Lebensgeschichte Heilkräfte für verborgene seelische Wunden wecken und zu der Erkenntnis führen: »Es gibt erfülltes Leben trotz vieler unerfüllter Wünsche« (Dietrich Bonhoeffer).[7]

Der Religionsphilosoph Martin Buber schrieb in seinem bedeutsamen Aufsatz »Ich und Du« (1962): »Alles wirkliche Leben ist Begeg-

---

5 Kohelet (in der Luther-Übersetzung: Der Prediger Salomo) Kapitel 3, Vers 2.
6 EKD-Texte 80, S. 12
7 Aus: Widerstand und Ergebung. Briefe und Aufzeichnungen aus der Haft, hrsg. von Eberhard Bethge.

nung«. In der zuhörenden Begleitung eines Menschen, der einem anderen seine Lebensgeschichte durch das Instrument der Werteanalyse erzählt, geschieht Begegnung. Beide, Erzähler und Zuhörer, spüren: »*Der Mensch wird am Du zum Ich*«. Diese tiefe Begegnung verändert beide. In der erzählten Lebensgeschichte wird für beide das Menschsein in seiner Prozesshaftigkeit und Zerbrechlichkeit deutlich.

Das Wissen um die Endlichkeit der menschlichen Existenz ist Lebenshilfe. »*Lehre uns bedenken, dass wir sterben müssen, auf dass wir klug werden*«, heißt es in Psalm 90. Deshalb ist die Kunst zu sterben auch eine Kunst zu leben. Der christliche Glaube weiß: Im Tod können wir nicht tiefer fallen als in Gottes Hand. Ein Mensch, der als »geistig behindert« gilt, hat sich einmal den Tod so vorgestellt: »*Tot sein, das heißt: Tanzen mit dem lieben Gott*«.

Brigitte Huber, Seelsorgerin
Arbeitskreis Ethik und Menschenrechte
Bioethik-Beauftragte des Bundesverbandes
evangelische Behindertenhilfe

Dank

Ich danke herzlich für die Beratung:

Herrn Dr. Jörg Augustin, München
Herrn Prof. Dr. Andreas Kruse, Direktor des Instituts
    für Gerontologie der Universität Heidelberg
Herrn Prof. Dr. Hans-Jürgen Fraas, München
Herrn Karlo Heßdörfer, München
Herrn Prof. Dr. Christof Müller-Busch, Präsident der Deutschen
    Gesellschaft für Palliativmedizin, Berlin
Frau Brigitte Steinmetz, München
Frau Dr. Gabriele Strauß, München
Frau Elfriede Wannemacher-Frank, München

*den Mitgliedern des Arbeitskreises Palliative Care für Menschen mit
    Behinderung* bei der Akademie für Palliativmedizin und Hospizar-
    beit, Dresden
den Mitgliedern des Arbeitskreises Ethik und Menschenrechte, München

Ausdrücklich danke ich auch den Menschen im Heilpädagogischen
Centrum Augustinum in München für die wertvollen Gespräche, die
zur Entstehung dieses Büchleins beigetragen haben.

Ich bedanke mich besonders für die Unterstützung des Vorstandes
und der Geschäftsführung des Bundesverbandes evangelische
Behindertenhilfe, Berlin

München, im Januar 2009

Brigitte Huber

Hinweise

Über Anregungen und Hinweise freut sich:

Brigitte Huber, Bioethik-Beauftragte des
Bundesverbandes evangelische Behindertenhilfe
Eversbuschstraße 46 a, 80999 München
Tel.: 089 / 812 81 71
E-Mail: b.huber-beb@gmx.de

Formblätter für Betreuungsverfügungen und Vollmachten

Die Formblätter sind zum Beispiel in der Broschüre »Vorsorge für
Unfall, Krankheit und Alter« des Bayerischen Justizministeriums
enthalten, die 56 Seiten umfasst und im Verlag C. H. Beck erschie-
nen ist. Sie ist in jeder Buchhandlung erhältlich und kostet 3,90 €
(ISBN 978-3-406-57518-1). Zugleich kann sie im Internet auf
der Serviceseite der Bayerischen Staatsregierung unter
http://www.verwaltung.bayern.de/Broschueren kostenlos
heruntergeladen werden. Die Broschüre informiert über das
Thema Vorsorge bei Unfall, Krankheit und Alter.
Sie bietet zugleich Anregungen für die Erstellung einer Vorsorgevollmacht oder Betreuungsverfügung und einer möglichst hiermit
kombinierten Patientenverfügung.
Darüber hinaus gibt es ausführliche Information über das
Betreuungsrecht oder die Vorsorgevollmacht durch das Bundes-
ministerium der Justiz, Referat Presse und Öffentlichkeitsarbeit,
11015 Berlin (www.bmj.bund.de).

Mitglieder des Arbeitskreises Ethik und Menschenrechte:

Ulrich Burzinski, Behindertenseelsorger
    des Evangelisch-Lutherischen Dekanats München
Heinz Karrer, Offene Behindertenarbeit (OBA),
    evangelisch in München, Geschäftsführer
Marlies Kräenbring, Heilpädagogisches Centrum Augustinum,
    München, Tagesstätte, Elternarbeit
Hans Ponton, Gemeinsam Leben Lernen e.V. – Offene Arbeit für
    Menschen mit geistiger Behinderung und ihre Angehörigen im
    Evangelisch-Lutherischen Dekanatsbezirk München, Geschäfts-
    führer
Brigitte Huber (Koordinatorin), Bioethik-Beauftragte des
    Bundesverbandes evangelische Behindertenhilfe

Bibliografische Information der Deutschen Nationalbibliothek

Die Deutsche Nationalbibliothek verzeichnet diese Publikation
in der Deutschen Nationalbibliografie; detaillierte bibliografische Daten
sind im Internet über http://dnb.d-nb.de abrufbar.

Herausgegeben vom Bundesverband evangelische Behindertenhilfe e.V.
Postfach 330220, 14172 Berlin
Tel.: 030 / 83 00 12 70
Fax: 030 / 83 00 12 75
E-Mail: info@beb-ev.de
Internet: www.beb-ev.de

1. Auflage
Copyright © 2009 by Gütersloher Verlagshaus, Gütersloh,
in der Verlagsgruppe Random House GmbH, München

Umschlaggestaltung: Verlag, unter Verwendung der Grafik »Mohnblumen«
von Irmgard Lucht
Druck und Einband: Print Consult, München
ISBN 978-3-579-06826-8

www.gtvh.de